SIARAD SIAFINS

Siarad Siafins

MARI GEORGE

Argraffiad cyntaf: 2014

(h) Mari George

Cyhoeddwyd gan Wasg Carreg Gwalch,
12 Iard yr Orsaf, Llanrwst, Conwy, LL26 0EH.
Ffôn: 01492 642031 Ffacs: 01492 641502
e-bost: llyfrau@carreg-gwalch.com
lle ar y we: www.carreg-gwalch.com

Rhif rhyngwladol: 978-1-84527-479-5

Mae'r cyhoeddwr yn cydnabod cefnogaeth ariannol
Cyngor Llyfrau Cymru

Cynllun clawr: Eleri Owen

Lluniau'r clawr a thu mewn:
Gweithdy Rhodri Owen, Ysbyty Ifan

Cyflwynedig i
Elen a Morgan

Cynnwys

'...fe dreisiais i'r Gymraeg'

Ynys

1. *Menyg garddio*

Agorais y sied ar yr hafau a fu
a gweld hen fenyg
a'r ardd yn dal arnynt.

Gwynt tuchan Radio Cymru fore Sadwrn,
te claear a ffrae dros glawdd,
a blodau
a dillad gwaith
a'r Gymraeg
fel wyau drudwy.

Cofio mynd mas
ar ôl iddi dywyllu
a blas haul ar bridd y nos,
smoco
dan drwynau cymdogion
a miwsig eu 'Coronation Street'
yn wylo
lawr y stryd.

Ein tŷ ni yn gweiddi'i Gymreictod
drwy'r ffenestri
fel nodau piano
a neb yn dilyn
y diwn.

2. Driftwood

...cloddiau'r hewlydd
yn mynd â ni
yn dawel fach
at y môr

ac mewn gwin cynnes a nerfau,
a'r haul di'n gwneud ni'n hyrt,
daethom yn agos nes ein bod yn un,
fel darn o froc môr
wedi ei lyfu'n llyfn ...

geiriau
yn ein gadael i fod
am y tro

taflu cerrig cynnes
fel adar yn caru'n igam ogam
yn yr awyr

ond roedd rhaid i ti fynnu sibrwd rhywbeth
am gariad
a'm tawelwch innau
yn lletwhith
fel staen ar lawes
neu fŵg mewn gwallt

gweld y cerrig yn torri yn siom
drwy wyneb y dŵr

... dau yn eistedd mewn car,
yn syllu ar y môr,
mor oer â dau gi tseina.

3. Cymraes

'You're just so Welsh ...'

Mewn tre yn rhywle
yn y de
fe dreisiais i'r Gymraeg.

Ei gwaed
yn toddi ar garreg
fel loli pop.

A dyna ddysg iddi!

Hi a'i syniadau mawr
yn fy nhynnu
i chwysu gwaed mewn protest,
a hollti blew a brethyn
a chanu cerdd dant.

Fe'i gwelais
yn lleuad noeth
mewn pwll o law
a darnau ohonof
yn wydr lliw
'di chwalu drosti.

Fe dreisiais i hi
am iddi fy nghadw
wrth y byd.

Fe dreisiais i hi
er bod y meirw'n gweiddi
yn eu beddau.

A gwyddwn
y codai'r wawr
dros fy nghroen i wedyn
ac y deuai hi 'nôl
i wasgu ei ffordd ohonof
a'm gwaed i
yn dal arni.

4. Cydwybod

... y lle'n wyn

... ymwelydd annisgwyl
yn curo'r ffenest yn ysgafn

... yn ysgwyd llaw
ag artist

... yn blu
dros gariadon
sy'n gorwedd mewn golau cynnes
mewn tai pell

... daw
â'i ddwylo hiraeth
i'n rhewi
mewn sgwrs
fel dynion eira

... daw i ddeffro
pob atgof

... daw
i dagu ...

5. *Cymuned*

Mae hi wrthi'n marw.
Ei byd mewn stafell fach.

Es i i'w gweld wrth gwrs.

Taflu sgwrs a honno'n glanio
fel awyren bapur
rhwng y grawnwin a'r bananas.

Cwrtais fel te o debot.

A hithau 'di cael ei gwthio mewn cadair
at y diwedd
ag yn ôl
sawl gwaith
bydd hi'n gwaedu'n rhwydd
wrth fodio llyfrau trwchus
ei hatgofion.

Mae pethau yn rhy fawr iddi.
Dreser a gwely a chloc, brwsh a chrib a llunie
a jwg a basin a iâr yn wag o wye. Papure
losiyn o glecs. Papure bro. Croeseirie.

Mae hi'n marw a dyna'i diwedd hi.

6. Siôl

Fydden nhw'n syrthio
a rhedeg ata i
ac er y chwedlau a'r hwyangerddi
gwelais
nad oes geiriau all sychu dagrau.

Bydden nhw'n sugno fy iaith,
fy llyfu fel jam a thyfu'n drwm
yn fy nghôl

... a deuent nôl o'r ysgol
yn llawn llediaith a lledrith
i greu mabinogi newydd
a throi o'm hamgylch fel rhubanau ...
eu hawelon yn fy nilyn
o stafell i stafell...

... a'm diosg wedyn
fel siôl.

...

Gwelais
fod sgrech y geni a'r colli
yn un.

7. *Llangrannog yn y glaw*

Hen aeaf oedd Mehefin
a hawdd
oedd dod yn Gymry
am y pnawn
a ninnau'n griw mewn tafarn
yn gwbod y cyfan.

Hawdd barddoni
a'r gwydrau gwag yn llenwi'r bwrdd.
Stêm cotiau,
a chynffon ci,
a hen dywod yn llawn grisialau hanes.

Yfais nes i ti ddod ataf
er i mi dy nabod erioed.

Yfais
nes gweld
drwy'r ffenestri hallt.

Yfais
nes gweld cantre'r gwaelod...

... ac addo, addo
 dod nôl i fyw
fan hyn.

Addo mewn ogof.

Yr haul yn diflannu,
y sgwrs yn datod ei lasys
a difaterwch cwrw haf yn arllwys y gwir dros y bwrdd.

Dy wyneb
yn fy ngwydr
yn gwenu'n newydd.

8. Eco

Dy weld ym mhobman wedyn ...

Ein dwy law yn gafael
drwy annibendod
wthnos steddfod.

Dy weld yn y nant
a rhwng y gwybed,
ac olion pob sgwrs fu rhyngom
yn ffrwydro'n aur rhwng y sêr.

Dy weld yn y chwedlau
ac yn llun y lleuad
ar wyneb y môr.

Rhoi mysedd arnat
heb wybod os wyt ti
wir yna
o gwbwl.

Ond yn yr amser
rhwng cwsg a breuddwyd plentyn
fe fyddi gen i
am byth.

9. *O na fyddai'n haf o hyd*

Oedodd y nant.

Sythodd y we yn yr awel.

Trodd y dŵr yn y biben
yn wydr
i chwalu'r car
a'r tarmac.

Daliodd siglen
hwyl y plant yn ei llaw.

Naddwyd
straeon
ar foncyff
yr awyr.

Dy gusan
yn sioc
ar wefus.

Nodau piano
yn atgof
o haf
fu'n braf i gyd.

10. Fy iaith i

Mynd atat
drwy linellau o haenau
fel clirio llwybr
yn yr eira.

Tynnu
un gair ar ôl
y llall
yn llawn gwanwyn
o egni.

A'r cyfan sy'n weddill
yw tamaid bach
o farug
y cysgodion
yn gwrthod
dadmer.

11. Sgribls

Bûm yn ddi-dywydd
ddi-deimlad
yn dod i'r un caffi
bob dydd.

Yr un ewin o leuad
yn crafu'r dre lonydd
a llwch emynau'n codi
o hen gapeli.

Yr un trenau'n torri'n sŵn drwy flinder
diwedd prynhawn.

Dof yma bob dydd
yn llawn o eiriau
i'r un caffi o hanner brawddegau
a'm papur a phensil.

Gwylio babis
mewn dillad hyd eu llygaid
yn cael stŵr Saesneg,
yn grac cyn eu hamser.

Bûm yn ddi-dywydd
di-deimlad.

Ond gyda ti
daw pob trên yn ôl o'i dwnel
yn llawn cwmpeini
i droi bratiaith
yn farddoniaeth
a hiraeth.

Y lleuad
yn cynhesu drwyddo
a thiwn fy hyder i
yn yr aer
fel pe bai
'di bod yma erioed.

Stop on request

Araf yw'r trên
yn fan hyn.

Weles i neb yn dewis
y stesion hon drwy'r gaeaf.

Ond edrychaf bob tro
i weld os ga'i gip ar rywun.

A chofiaf amdanat ti.

A'th ddrws cefn ar agor,
sgidie ar y stepen
yn gynnes o siarad.

Heibio yr af i eto
fel pawb arall.

Cyfri

A dyma un arall
yn troi arwydd
a thynnu bleinds.

Pwyso ar gownter oer
a hen siwgr
yn setlo dros atgofion.

Er rhoi winc a losin ecstra'n
rhodd i blant
am gadw'i byd yn ei le,
rywsut heddiw
mae'r pacedi papur
yn daclus o wag.

A nawr rhaid iddi
sychu'i byd
yn ei ffedog
a'i hongian
gyda'i chlecs.

Cwrteisi

Trwy gil dy ddrws
fe'u gweli
yn camu'n rhwydd i'w haf,
yn agor drysau'n dawel,
ysgwyd matiau
a llwch eu tarfu ysgafn
yn dy dagu.
Mae'r byd o glecs
dros stepen drws
a radio fach
mewn poced ffedog
'di pylu,
erbyn hyn,
'da'r clêr
wrth droed y llenni.

Mae'r siarad nawr
dros glawdd
yn bell a chwrtais.
Ond,
rwyt ti'n cynhesu dipyn bach
ar ôl gaeaf
o eira heb olion traed a llenni llonydd.
Ac er gwaetha'r hyn a gredaist
ar hyd dy oes,
er gwaetha iaith dy fam,
rwyt ti'n derbyn gwres eu lleisiau
yn dy wal.
A phan ddôn nhw draw i fenthyg
hwn a'r llall,

agori di dy ddrws
a'u gadael mewn
i gymryd
beth y mynnant.

Ffenest

Rwyt ti'n sychu
clêr marw'r haf
o'r sil
ac yn ysgwyd yr haul oriog
o blygiadau'r llenni
cyn eu cau.

Eisteddi wedyn
yn yr hanner tywyllwch
a golau bach dy drefnusrwydd
yn syllu'n fusnes i gyd
drwy'r hollt
ar y stryd sy'n hanner cysgu.

Rwyt ti'n disgwyl
yn sŵn blinedig
hen gloc
i'r ceir
basio'n araf
a'u hawel yn ysgwyd
y leiniau dillad
sy'n wag o olch.

Rwyt ti'n gwrando
ar sibrydion Cymraeg
yn dianc yn boeth
o'r siwtiau galar
a'r llygaid duon
yn symud yn boleit o Rose Cottage i Sea View
a Sunny Side
a gweld dim ond cysgodion

yng ngwe'r cwareli.
Nes 'mlaen
dim ond ti
fydd yn agor llenni
a chau dy lygaid
yng ngolau'r lleuad,

Pentref

Llangrannog yn y gwanwyn

Heddiw
gwelais y Gwanwyn
yn daclus
heb bêl yn agos
i sgwaryd clecs y dail.
Cerddais hyd glogwyni
a chlywed cân y gwersyll
yn hofran dros dro
uwch Lochtyn ...
Drws tŷ yn gwichian,
a chwpwl crwm
yn sgwrio'r gaeaf yn hamddenol
oddi ar eu trothwy diarth.

Dof yn ôl.
Dof â'm plant
i fyw stori Cwm Tydu,
cwrso geiriau
mewn ogofâu
a'r dyfodol yn draeth.

Heno,
mae fy straeon eithin gwyllt,
yn staen ar ffenest.
Rwy'n poeri fy iaith
ddyrys
at wynebau poleit
fydd yn aros
trwy'r gloch olaf.

Unig wyf
ar stepen oer
yn rhannu ffag gyda'r gwynt,
yn gweiddi geiriau
mewn cragen
am fod y machlud wedi ei brynu
a'r dyfodol yn dywodyn.
Dof yn ôl.
Dof yn ôl
drwy'r broc môr
i fagu,
i fyw efallai ...

Cuddfan

Sefyll dan goeden ddiarth
yn gwylio
eich cuddfan
yn tyfu'n gaer.

Gweld y criw yn gweu prennau
i'w gilydd,
yn trio creu llawr
i draed trwm.

O'n i isie bod yn
ddi-Gymreig a drwg,
rhwygo croen, baeddu ewinedd, gwallt yn rhydd
a dwyn wyau ...

ac isie bod yno
yn y coed
yn yfed lemonêd
a *ginger beer*
a dweud '*jolly good*' ...

Isie bod
yn rhan o stori
lawer symlach na hon ...

Ond dim ond
gwylio
y gallwn i...

gwylio nes eich gweld yn goch
yn yr hwyr
a'ch wyau'n dal
mewn un darn.

'dangos beth ma nhw'n wbod
gwbod beth ma nhw'n ddangos'

Coffi

Yfa dy goffi
cyn iddo oeri.

Y sgwrs yn cael ei droi
yn ewyn
ar dop popeth
fel arfer.

Ac anodd yfed yn gyflym
pan fod hyn i gyd
yn ein dwylo
yn ein rhwystro
rhag siarad yn iawn.

Oedwn am eiliad
ond dim ond chwerthin
yn wirion.

Yfwn y gwres
a mynd

wrth i honna lenwi cwpan
rhywun arall.

Y Mwmbwls yn y Gwanwyn

Tinc llestri coffi ar fyrdde'r stryd
a chlêr yn y ffenest.
Sŵn gwanwyn.

Arogleuon newydd fel dillad glan
a'r gaeaf 'di mynd i'w wâl.

Mae hi'n dywydd salad a thynnu sanau.

Hen ferched yn sipian sgyrsiau
dangos beth ma nhw'n wbod,
gwbod beth ma nhw'n ddangos ...
'Gwedwch y gwir.'

Bechgyn sydd byth yn yr ysgol
yn loetran wrth geir
yn poeri 'dyma ni'.

Gwelaf symud yn yr hamddena hwn,
tylwyth teg yn nets y caffi,
straeon dan soseri
a neithiwr aeth hon i'r capel yn borcyn
ond dim ond breuddwyd oedd e ...
'And then I woke up!'
Sut i beidio gorffen stori.

Tap, tap bysedd hen ddyn ar fwrdd,
Caneuon atgofion.

Cardigans swanc a phersawr llynedd yn brolio
am ryw sbin hir a noson hwyr.

Does dim byd fel gweld o'r newydd.

Ar foreuau fel hyn
gallwn newid y byd.

Lliw

(Mewn ysgol i blant y stryd, Mecsico 2004)

Fi ddaeth â'r haul
dros dro.
Rhois becyn o greions iddo
yn enfys,
a daeth ohonynt
dŷ bach twt,
awyr las a theulu'n gwenu.
Y darlun hwn yn belydryn
o siôl o gylch du a gwyn ei fywyd.

O'i weld yn breuddwydio
a'i fochau'n goch
a'i chwerthin
yn iro'r pothelli byw
ar ei draed,
addewais nad anghofiwn yr uchelgais bach
yn y llygaid mawr.

Es adre a gwres ei wên yn fy llaw ...
A heddiw
yn llwydni fy nhŷ bach twt
ynghanol anialwch
bywyd papur chips,
daeth heulwen
gwep fach
drwy fy ffenest innau.

Corryn ar y ffenest

Mae'n hongian
ar syrcas o ddiwrnod
yn aros.

Daw rhywbeth i'w ysgwyd,
i'w boeni.
Ond does dim byd yna.
Mae'n gwylio
dafn o law
yn glanio
a chydio.

Aiff ato
a'i gofleidio'n ddim.
Yn grac
mae'n trwsio
o hyd
yn rhy agos
i weld
ei ryfeddod ei hun.

Amser

Ym mhentref Tulum ar arfordir y Caribi ym
Mecsico ni cheir ond teirawr o drydan bob nos
rhwng chwech a naw.

Ym mharadwys y caban
â'r tywod dan fy nhraed
dylai'r straeon
fod heb orwelion.

Ond mae'r meddwl mor gaeth
â'r bwlb uwch fy mhen.

Teipio'n wyllt
a lladd amser,
yn ddall.
Cofio amdanat ti,
chwilio gwaed ein stori
a chael dim byd
ond geiriau
du a gwyn
i lenwi'r sgrin.
Â'r bysedd yn segur
am naw,
syllaf i lygaid y nos
a gweld yn bell
o'r diwedd.

Ein lleuad
yn consurio
adar o'm dwylo
a'u cysgodion brith
yn chwilio amdana i.

Gweld dy law
a'th wên
a'th wres.
Gweld fy myd yn arogleuon
y nos ddi-drefn,
y pensil rhydd yn naddu lliwiau
i grynu yn y corneli.
Gallaf nawr
greu cyfrolau mewn cysgodion
yn ewyn o orwelion.

Magu

*Ar ôl clywed eitem newyddion am ferch a roddodd enedigaeth i
blentyn dyn y cafodd ei threisio ganddo.*

Mae hi'n magu ei phoen ...
Ei dywys yn sigledig o gryf drwy ei fyd o gamau
â'i ben i lawr.
Yna ei godi a galw ei enw.
Cariad ei anadl yn ei chlust
a chasineb ei phenderfyniad
wedi ei hen guddio
yn ei chroth.
Tan iddo yntau
godi ei ben,
estyn ei freichiau
a'u clymu amdani,
a cherdded yn ddewr
at ddrych ei ddyfodol ...
A gwêl hithau
y gorffennol
yn wên
hyd ei wyneb.

Y Gymraeg yn Llangynwyd

(Dathlu pum mlynedd cynta Ysgol Uwchradd Llangynwyd)

Bu rhai
yn plannu hadau
ar dir oer ...

A daeth haf
i egino yn Llangynwyd.

A daethon nhw
i lanio'n ewn,
ysgwyd eu hadenydd
a gadael eu lliw
hyd y petalau.

I ddathlu dawn Rhys Iorwerth

Aberystwyth, Gorffennaf 2011

Ro'n ni'n credu ein bod yn ei nabod
a ninnau'n dilyn talwrn
fel dilyn llwybr
at y môr.
Rhys y boi rêsyr o fardd
a'i eiriau
yn llosgi eu marc
fel teiars
hyd ffiniau
Gorffennaf.

A rhwng y bar
a phedwar y bore
ni oedd bia'r
boi ar ras.

Y bwrdd yn casglu gwydre
a beirdd yn bwrw eu bol
ar fat cwrw
a straeon gwirion
yn sarnu
neu'n anadleuon ar ffenestri.

Ro'n ni'n credu ein bod yn ei nabod ...

A'r hewl gam
yn cynhesu
wrth i'n traed fynd â ni
am y môr
am bedwar y bore,

aethom i weld y wawr
fel am y tro cynta.

Ac fe wawriodd rhywbeth arall
yn goch o falch
a ninnau'n gweld dim byd
ond ffordd anodd
o'n blaenau.

Do fe wawriodd
haul o gyfrinach
ac fe ddeuem
i wbod
nad oeddem
wir
yn ei adnabod o gwbwl ...
ac mai'r boi ar ras
oedd bia'r haf.

Y Piano

Rhywle yn y strydoedd culion dan y toeon uchel
daw miwsig.

Miwsig pell fel ci'n cyfarth yn haul pnawn Sul.

Neu gân rwydd nos Wener hwyr
mewn dinas
a minnau 'di cael bod yn fenyw
mewn *Chanél* a sgert rhy hir ...

Hanner cysgu yng nghefn y tacsi
a'r pianydd yn creu rhamant
fy nyfodol hawdd.

Fe hoffwn ganu'r gân
ond wna'i ddim,
ddim heddiw ... ddim yn sobor.

Bu fy mysedd innau ar nodau,
ar nosweithiau Rhagfyr,
pob ffenest ar gau
a'r swper yn berwi dan gloriau swnllyd.

Nawr mae'r cordiau syml yn mynnu gwasgu
yn atgof
o regi ar rhywun agos.

Rhyddid nodyn ar ôl nodyn
yn fy nghlymu.

Doli fach yn troi a throi
wrth chwilio
dawns.

Tafarn y Pilot, Y Mwmbwls

Mae emyn yn gryfach wrth bwyso ar wal tafarn
am bedwar y pnawn
pan fydd yr adar yn cwrdd yn rhes ar weiren,
pan fydd llinell o olau dydd yn cael ei wasgu
gan droed y nos.

Yfed drwy'r dydd
a throi'n bwysig
yn ffôn ac yn *Uggs* i gyd ...

Â'r criw yn canu am y Gwaed
af i grwydro at gerrig y traeth
i herio'r dyn sydd fel Dylan
i ddweud fy ffortsiwn.

Bys y dyfodol
hyd hen linellau fy llaw ...

'*You*
will change the world ... one day ...'

Ac yng ngwynt yr emynau
a sŵn cwrw
fe welaf fod y dŵr yn llawn
o'm haddewidion ...

Fy chwerwder
yn tyllu drwy'r stumog
fel rhwd ...

A dyma fi eto
yn ferch fach o'r ysgol Gymraeg
yn deall dim
a neb yn ei deall.

Gwylio'r môr yn troi yn ei unfan
yn dawel.

Cicio carreg.

A phan ddaw'r adar i godi eto'n sydyn
fel breichiau mewn tymer
dros orwel o inc du,
af i 'nôl i mewn
i gael drinc arall
a gadael i ddifaterwch
diwedd dydd
ddod ataf eto.

Cerdd i waith Caitlyn
y crochennydd o Ewenni

Troi mae'r olwyn

Ac o dy flaen mae'r ladi wen
yn codi'n frigau eto
fel yn dy freuddwydion.

Yn rhybudd
fod pob dydd
yn dod ag amser
i ben
yn araf bach.

Ac fe redith hi ei bysedd
drwy dy wallt.

Troi mae'r olwyn
o hyd ...

Nes mwytho
dy ddiwrnod
ac fe wasgi di
hen chwedlau
rhwng bys a bawd ...
a gadael dolennau
mor gynnes â chlai.

Yna
yn dy
law
mae crochan
yn llawn
o swyn ...

... mor grwn
â'r olwyn
sy'n dal i droi.

S4C

Aeth e 'nôl i'w hen gartre,
yn stond o'i weld
yn wag.

Agor y drws
a'i stori i'w weld eto
fel hen deganau.

Plentyn deng mlwydd oed
ar gefn lori laeth
yn taro drws y garej
yn glatsh a'i drwyn yn gwaedu
dros ei fam ...

A'r noson honno
oedd y noson fawr.

Gweld eto'r blawd yn
dawnsio o ffedog
a stêm y tegell yn cymylu'r ffenestri
a'r ceir yn parcio
ar y dreif
gwt-yng nghwt
a phawb yn cyrraedd
a'r bwrdd yn gwelwi
dan stori'r ymprydio.

Y sianel newydd
yn codi o'r llwch hud
ac yntau'n gweld y rhyfeddod
yn llygaid ei fam.

I Rhys Dafis
Dosbarth cynganeddu Gwaelod y Garth

Bu'r festri'n llawn cytseiniaid
yn ymladd â'i gilydd.

Nosweithiau hir y gaeafau du
a ninnau'n trio'n gorau i darfu ar y ffeit
a lleddfu geiriau croes.

Ac yna'r gwanwyn
a'i haul
yn agor drws
a cherddi rhwydd yn mynd o'na
law yn llaw
i grwydro'r wlad.

Achos

Rhoddaf bunt
o weld
plentyn bach yn chwysu sgrech
ar sgrin lachar.

Babi neb
sy'n hawdd ei nabod.

Rhoddaf
i dagu
hunllefau du
pob un ohonom
a sychu'r cywilydd
o olion mwd ein traed.

Am fod pob babi
yn ei dro yn mynd
o'n breichiau
i grwydro.

Gwelaf wedyn
ddrysau'n agor,
beics
ar ras
rownd y bloc
fin nos
a gwibed eu sbort yn y gwynt.

Gweld plentyndod
mewn caeau gwag,
ac ar frigau rhacs mewn coedwigoedd.

Byrddau o wenau
a gwelyau o gwsg.

Ie,
rhoddaf bunt
o heulwen
i bylu lluniau
a diffodd sgrin.

'...wrth i fiwsig crug fan hufen iâ
arafu drwy'r glaw'

Braw

Yn y dre
â diwrnod arall dan draed.
Di-ddim yw'r siopau a'u synau.
Y bysys a'r ceir sy'n rhuthro at y penwythnos.
Undonog yw brys ein hesgidiau
ar balmentydd
du a gwyn
yn mynd, mynd,
yn cicio bywyd o'r ffordd
a gollwng briwsion ein pwysigrwydd
i'r colomennod
eu pigo.

Yna, daw hers
a stopio
ac yn ei gôl mae marwolaeth yn sgleinio.

Oedaf
a llyncu'r lliw.
Er y bysys a'u brys
a'r ceir yn brwsio heibio yn wallgo ...
yma nawr
nid oes ond yr hers a fi 'di oedi'n ffôl
ac yn ei ffenest rwy'n gweld fy wyneb fy hun
yn syllu 'nôl.

Â'r hers yn ei flaen
a'm gadael yn sâl
a'm calon yn curo'n galed
yn gwylio hediad colomen
ac yn ymbil ar i'm diwrnod
beidio gorffen.

Ffarwelio

Ei gweld ar stryd
a het henaint yn dynn dros ei gwallt
a'i gwên yn gwasgu ei ffordd
yn flinedig
rhwng y bagiau siopa.

Un helô
ac roeddem yn ôl
ar stryd arall

Dwy yn ddeuddeg oed
yn droednoeth
yn Awst y lawntiau melyn.
yn lladd morgrug
heb feddwl
a sgathru'n teimladau
ar sticil.

Eiliad o haf
rhwng blodau menyn a'r afal cynnar cyntaf
a gwynt glaw storm
dan goler ddi-raen.

Ond aeth hi â'i gwên
a'm gadael
yn gwylio dau gysgod
yn uno
mor hawdd â glaw yn tisian
ar ddreif boeth.

Gwahanu
ym Medi'r cymylau
a thraed mewn sgidiau stiff
yn dilyn llwybrau
ar wahân
a'n chwarae yn chwyrlïo
o'n holau
fel pennau blodau bach.

Heddiw
oedwn rhwng gwên a gair,
mwytho'r sgathriadau,
a'r surni deuddeg oed ...

A gweld heulwen
bore oes
yn rhychau ein wynebau
a gwên yn drech na henaint.

Gwrthod

Torrwyd dy enw'n ddu
ar bamffled.

Daeth sgidiau gorau
i wichian cydymdeimlad
dros garreg y drws,
y glaw i gydio'n dawel
yn llewys
yr arogleuon
a galar
i gerfio wynebau cyfarwydd
o'm cwmpas.

Ond
er magu hyn ...

... do'n i
ddim wir yna.

Dim ond wedyn
wrth i lafant sibrwd
rhwng bysedd,
wrth i fiwisig cryg fan hufen iâ
arafu drwy'r glaw
ac wrth i adar
ddechrau nythu eto,

y gwelais dy eisiau

a'm gwadu'n
taro'r gwydr.

Dyna pryd es i 'nôl
drwy'r gwair tamp
i gapel oer
a'm breichiau'n llawn
o golled

Tu mewn

Ai hedyn oedd hwn
i ddechrau?

Ai salwch
yw'r ofn sy'n lledu'n raddol
fel inc
o flaenau fy ewinedd plastic
hyd aorta rhydlyd fy nghalon.

a'r gwanwyn tu fas yn ddim ond staen
ar y ffenest
heb fynedd ei sychu.

Dim ond llun llwyd.

Af i gerdded
i mewn i ddyfnderoedd paent
a meddyliau creadigol
y llun o'm blaen
a cherdded.

Haenau a haenau
o feddwl
cyn brwsio'r lliwiau pert
yn sicr a thrwchus
dros liw arall.
a cherdded.

Gwrthod yr inc
sy'n sychu'r organau.

Meddwl am ddim
dim ond y foment.
dim ond traed trwm
ar bafin llwyd.

Paratoi

Rhwng gadael y tŷ a dannedd y gwynt
mae darnau o'n siarad
yn hongian fel lluniau.

Ac wrth wisgo geiriau addas
yn y drych
gwelaf ein noson gynta yn y dre
yn gwisgo dillad ein mamau
a gormod o liw a sent ...
a siarad.

Drwy 'nghorff
lleda sgwrs arall
araf,
yr un a fydd rhyngom heddiw
dros bamffledi ysbyty du a gwyn.
Dwy yn trio torri drwy'r sioc
a gwên ofer.

Un cip arall cyn gorfod gadael
a hanner gweld fy hunan
yn fenyw i gyd.

Glaw haf

Mae hi'n bwrw hyd wreiddiau.
Dŵr
heb drywydd,
yn tyllu tarmac,
boddi cywion hwyr yn eu nythod
troi mwyaren yn ddraenen,
lladd gwenyn.

Adenydd gwybed yn drwm gan siom.

Afonydd
a'u boliau
yn pwyso
ar eu pontydd ...
... a'r nos ei hunan
wedi blino cyfarth ...

Teiars yn grac
wrth hastu
drwy Awst.

Ac fe'n daliwyd ni
yn nwrn yr haf hir hwn
yn aros
i bethau wella.

Rhywbeth yn bod

Does neb yn casglu blodau menyn,
hosanau'r gog na bliwlys
na grug
o ochrau'r haf.
Dim phlant heb eu cotiau
a llygaid y dydd yn eu cadwyno.

Trochodd y tymhorau
eu brwshys
yn yr un dŵr
a'i liwio'n fwd.

Tithau mor oer
â'r un wennol a welsom
dro yn ôl ...

Pen llanw

Afon yn chwydu
dros gae.

Trugareddau
o waelod cof
yn arnofio'n bowld
ar wyneb y byd.

Mwg tân yn plygu'n y glaw.

A thi'n dal papur
sy'n newid dim
ond ein byd bach ni.

A rhwng y 'dere di, paid becso'
a chysur chwarae drwg y plant
daw ofn
i'n cyfarch
mor fach â wyneb deryn du.

Neud dim
ond gwylio clêr yn hedfan
at y ffenest
i farw.

'...gwair sy'n grwm
gan law ffatrïoedd'

Mam-gu yn 97

Be weli yn y dail te?

Wynebau dy blant yn fach
efallai.

Neu'r heddiw claear.
Dy gartre
fel pin mewn papur lapio tenau.

Hetiau capel yn rhes yn eu bocsys,
setiau llestri pert
yn aros i gael eu rhannu.

Maen nhw'n hwfro o dy gwmpas nawr.

Ond dwyt ti'n danto dim.

Fe edrychi yn y dail
â gobeithion soseri.

Cartre Dad

Yn dy hen wely
a minnau'n gwrando
sŵn y ceir yn pasio
daeth yr atic ata'i
yn tagu
wrth drio
dweud dy hanes.

Ac yn ei gôl roedd tedis tamp
a ddoe ar stop yn y pentwr ceir
a hen ddillad
wedi melynu,
gwe cor
ar hyd llyfrau
a doliau
yn ddall
wrth aros am olau.

Ond o dan gesail
y chwedegau
roedd dy gomics di.

A dyma fi yn dy fyd di.
yn darllen â tortsh
dan flanced fflanelette
mewn stafell fach
yn chwys y botel dŵr poeth.

Af yn arwr
fel ti
yn hedfan
yn yr un breuddwydion â ti
tan ddaw dwndwr
y lori laeth
y bore bach.

Dad-cu

Yn grwt, fe wyliaist dy dad yn gwneud sgidiau i ti
i redeg drwy'r border bach ...

Yn ddyn fe gerddaist yn bell heibio'r Pant y Crwys i
    chwilio wejen a cherdd
hyd llwybrau'r wlad.

Ac ar y Suliau tynnaist belydryn o Dduw drwy'r ffenestri
nes i'r merched dynnu eu hetiau a chribo'r lliw drwy'u
    gwalltiau.

Llaw
a'i gwythiennau'n ddu gan lo
yn torri pren a naddu chwiban.

Mi gredaf i mi dy weld
yn wyneb fy mhlentyn
neu
yn fy llinellau.
Rhyw wefr ambell dro
rhwng cysgodion y geiriau prin y brwydrais i'w cael.

Y geiriau sydd yn fy ngwaed.

Mam-gu

Gwthio pram lawr ein lôn ni
yn herciog dros y cerrig
a'r gwanwyn yn wynt glaw a phridd a phetalau a phren ...

Cofio mynd
yn y bore
i'r parc
a'r cloddiau'n llesmeirio
gan wyddfid.

Picnic o fara menyn tenau a chaws
a choffi o fflasg.

Tithau'n mwyara newyddion
am bobol dost a babis.
Gwnïo tyllau yn dawel mewn blancedi.

Minnau'n siarad am ddim byd ond ffilmiau
ac am America.

Twrio'n fyrbwyll drwy ddrain
ieuenctid.

Â'r gwybed yn fy ngwylio heddi'n
ffigwr du yn gwthio babi mewn i'r gwyll
mae'r lôn yn wacach hebddot.

Ond o godi'r babi
fe weli di yn rhywle
fod fy mreichiau
yn llawn o yfory.

Ffair Porthcawl

Mae'r reids hanner y pris
ddiwedd Medi.

Fe awn ni gyd i droi
yn yr unfan,
gwstraffu arian mân
ein haf

Codi
uwch Porthcawl
gyda'r gwylanod.

Dim ond sbwriel sbort
sydd ar ôl ymysg
yr asynnod
a'r sglodion ...

Fe
ddown ni yma eto
a blasu tawelwch
ffair ar gau.

Pan ddaw'r gaeaf
i afael ynom
fel belt metal
yn cloi
fe gawn dasgu
i gwrdd ag atgofion
newŷdd.

A470

'Ydyn ni yna eto?'

Llond sedd gefn o gegau
bacon rolls a *quavers*
a *ribena*
yn hala'r car ddawnsio
hyd odre
Cadair Idris.

Cyfri amser mewn niwl
i fetronom y weipars
amyneddgar.

'Pam fod y gogledd mor bell?'

Hir pob aros
i'r rhai sydd
wedi'u dal
yn ein hunfan
gan blant.

Yn y drych fe gawsom
gip
ar ein gilydd
a gwenu.

Merch

'Neis'.

Dyna oedd ei gair cynta.

Dim syndod
gan i ni ei dysgu
i fod yn neis i bawb
a ninnau wedyn
wrth gwrs
yn neis iddi hi.

A dyma hi
yn dweud 'neis'
wrth edrych ar luniau ohonof.
yn grys-T o hyder
drwy *berm* a cholur yr wythdegau
yn brolio 'Nid yw Cymru ar werth'
yn ddu
ac yn wyn ...

'Ie neis',
meddwn i yn ôl
'Lot yn rhy neis ...
a rhy ofnus i dorri ffenest,
neu baentio seins.

Cyn ei geni
chwiliais ddu a gwyn
ei sgans
am liw ei hwyneb,
a dyma hi
nawr
yn hyder i gyd.

Yn rhedeg oddi wrtha i
â rhan ohonof ...

A gwn y bydd hi
hefyd
lot yn rhy neis.

Craig Cefn Parc ym mis Tachwedd

Mynwent o ddiwrnod
a minnau'n gwthio cerdded
mewn sgidiau dwl
drwy weirach gwlyb
i dai fy ewythyrod.

Chwilio'r gwir
mewn te claear
a phantri o arogleuon bisgedi,
tra bod antis yn taclu
drws nesa
a'u byrddau'n drwm dan garedigrwydd.

Y siarad yn sgipio
fel cytseiniaid hyd y leino
a'r croeso yn maddau'r blynyddoedd diarth
nes fy nhagu.

Pam y dois i yma
drwy wyntoedd Tachwedd
ac eistedd yn fach
yn nghadeiriau steddfod
fy ewythyrod
a'r rheini'n cuddio papurau pumpunt
yn fy nheimladau?

Chwilio
am eiriau ...

Pob wy yn ei le yn y bocs
ac af yn euog i mi adael gymaint o'm hôl
yn eu diwrnod.

Yna â'r gwynt yn ein shiglo hyd y draffordd
af at wylanod Porthcawl i daflu briwsion
ac yfed te mewn ffenest oer.

Rywsut dwi'n rhan o hyn i gyd
fel soldiwr plwm mewn bocs tin
a sglein gofal arno.

Yn nhai fy ewythyrod
gwelais hen bethau
fel newydd
a dysgais
mewn un pnawn
beth yw parch.

Auschwitz - 2009

'Dwi'n fam.'

Oedd y cwbwl allwn ni ei ddweud
y diwrnod hwnnw.

Y gwallt, y bagiau, y pethau,
a'r wynebau.
oedd yn pylu
yn gyffyrddus
erbyn hyn ...

'Pam ddaethon ni fan hyn?'

Ac yn fy mhen roedd sawl cerdd
yn dechre dod
o'r annwn gwag.

'Dw i'n fam
a dwi'n eu hadnabod nhw i gyd'.

A gwasgais ei law yn dynn.
'Der o fan hyn,'
allan i'r awyr iach
am baned
a rhoi paent erchylldra
yn syml
fel gwres yr haul
ar yr wynebau
llwyd.

Cliborth

Cei ddod â'r traeth i mewn
dros y gaeaf
fesul carreg ...

... ond ddoi di ddim â'r môr

Cei frifo dy draed
ar bob stori
fel y casglwyr cocos,
bod fel dy dad-cu
yn achub ei frawd
a'i lwytho i gefn cart
i chwydu'n hallt.

Cei sgwrio llwyarn
heb sgrech gwylanod
a berwi'r cregyn
nes bod y swigod byw yn gwichian
am y môr

ond chei di ddim y môr ...

Cei wres y dydd
a berw'r halen
yn dy ddwylo
a'u llowcio i gyd
a chadw hwyangerddi'r cregyn
wrth dy glust
am byth.

Ond aiff dŵr y môr
reit drwy dy fysedd ...

Y ferch greadigol

Sgrin wag
a bysedd yn chwys
rhwng llythrennau
yn aros am eiriau

ond daw amser te
i wthio'i ffordd
i'm meddyliau

ac fe ddaw hi
a straeon
o waelod bag,
i ddawnsio
fel dant
rhydd,
a daw o hyd
i fyd
yn y baw
a thu ôl i glust o leuad ...

Daw'r hwyr
i daro'r sgrin
a gwelaf ei
holion bysedd
yn lliw i gyd ...

Weithiau

Dy wely eto'n
llawn o straeon tylwyth teg
a chywion bach
a thithau'n ymbil arna i
i beidio dod â'r dydd i ben.

Dwi'n creu nyth o eiriau bras
tan i ti gysgu
ac yn diolch am dawelwch.

Ond deffraf
a'm breichiau'n dal
dy hunlle di
a gwelaf
dy adenydd
yn sgathru'r wawr
fel llythrennau
diwedd stori.

Elen

Er sgrech y llinell las
i ddatgan dy greu
amhosib oedd credu.

Bysedd oer y sylweddoli
yn twrio am
guriad dy galon ddiarth
a chael cic ddistaw yn ôl.

Gwefr oedd dy weld
yn ddu a gwyn
yn troi a throsi
yn ddi-gwsg
ar sgrin fy nghydwybod.

Roet ti'n estyn am fy llaw,
a finne'n methu dy ddal.
Chwiliais amdanat ti...
Es am dro
hyd heol fach ddoe
i geisio wyneb
au neiniau
yn y cloddiau
a'r lôn yn gul
gan garedigrwydd.

Chwilio –
ond dim ond tarth a welais.

Chwilio
yn nythod fy hanes ...

Ond buan daeth
hen hen esgor
ag ysbryd newydd y sylweddoli
i rwygo o blisgyn y poen perffaith.

Dal dy fawredd mewn dwy law,
dy droi di ataf
a gweld dy wedd
yn llawn wynebau
ddoe a fory.
Ac yn sgrech dy dorri'n rhydd
dois i dy adnabod.

Morgan

Rwyt ti'n torri
fy amser yn ddarnau,
gwibio drwy
fy nrysau styfnig
i gyffwrdd
y byd.

Cipio dy law
o'm gafael
a chwarae mig tu ôl i fysedd lliwgar.
Dianc rhag clwtyn fy niffyg amynedd,
taenu niwl dy ddryswch,
dros ffenestri,
ac ôl direidi ar fwlyn drws ...

Ond yn ochenaid dy amser gwely
caf gip sydyn
ar y dydd
y bydd tawelwch
yn syllu arna i trwy wydr glân,
straeon wedi'u sgwrio
o'r cledrau
ac atgofion
yn ceisio
chwarae mig.

Storm mis Ionawr

Gwyliaf dy fatsien yn cynnau cannwyll
a down at ein gilydd
yn y cylch bach hwn,
yn ifanc am nawr.

Daeth y storm yn slei
rhwng llymeidiau a chynlluniau.

A thrwy'r un gwin,
ni allwn beidio â dweud y gwir
mewn golau corwynt
a'n hofnau yn fawr ar y waliau.

Daw clec y trydan nôl,
rwyt ti'n chwythu ar y gannwyll
a gwyliaf gynffon o fwg yn sleifio at y goleuni.

Doliau yn yr eira

*'I had seen birth and death but had thought
they were different.'*
T.S. Eliot

Mae'r sisiwrn yn torri drwy'r papur plygedig, gwyn.

Un ferch fach yn torri menyw.

Tu fas mae'n lluwchio.

Wrth i ti dorri'n ysgafn
ni weli'r blynyddoedd igam ogam.
o dy flaen.

Gwelais i fy niwedd fy hun
yng ngwaed dy eni
ar y gwely gwyn ...

Dy nabod yn syth
wrth dy ddal yn dynn ac yn ddiarth.

A heddiw
rwyt ti'n gallu torri ...

Rwyt ti'n tynnu'r plygiadau yn ddoliau bach hyd y stafell.
'Mam,' dywedi
wrth bwyntio at y bobl ddi-wyneb.

Dy straeon yn
staeniau hyd fy mhapurau,
dy wyneb
yn llawn wynebau.

Hapuswydd
fel darn o ddim byd wedi dod fel chwyn
i gytsio ynof.

Dyddie hyn
mae ffrae dau yn troi'n chwerthin poeth uwch depot
gymaint yw dy berfformans di ...
ac nid oes amser gen i i adnabod
hyd yn oed fy wyneb fy hunan
ar lwy fwrdd

ond mae hynny'n iawn ...

Digon i mi yw byw
ar y wefr o'th weld yn mynd

trwy drwch o eira

yn fy 'sgidiau i.

Darganfod

Codaist fy hen lyfr
a gweld enw gwelw'r awdur
ar garreg fedd o glawr.

Ond galwodd arnat
a'th arwain
drwy brint ei fywyd
i fyd arall
fu yno erioed
yn disgwyl amdanat.

Ac fe fyseddi
fel y gwnes i
y syniad
o aros yno.

Mam

Ar ôl gweld y cerflun Pieta o'r Forwyn Fair yn dal yr Iesu
marw gan Michael Angelo yn Basilica St Pedr, Rhufain.

Es i mewn o wres y sgwâr
i ladd amser
rhwng cerfluniau

... a des i ati hi

Y fam
a'i mab yn
fawr yn ei breichiau

Syllais
drwy wynder meddal
ei hurddas,
ar ei hwyangerdd farmor

Syllais
nes i mi weld fy wyneb fy hun ...
a gweld
fod sgrech y geni a'r colli
yn un.

...

Es i â'i hofn hi
gyda mi
'nôl allan a'r haul.
yn dalcen poeth
ar fy moch

mor unig
yw cariad mam ...

Ymateb i waith Bedwyr Williams

Pili Multigemini

Eistedd ar ochr y bath
a'r llafn llwynog yn anwesu nghoes

Y paratoi
a minnau'n ferch fach
yn aros am bethau mawr

Dol bapur ...

Rwy'n gweld morgrug breuddwydion
yn y dŵr brwnt
wrth daflu'r llafn
yn ddigaead,
yn beryglus.

Ond af atat heno
nid i garu
fel merch berffaith
ond i greu llais
o wacter.
Darnau ohonom
... pwy bynnag ydyn ni ...

Y dyfodol yn dod rhyngom
yn stêm y bathrwm
yn ffon
i'n heneidddio.

A byddaf yn ei adnabod ...
... fe neu hi ...
a gweld fy hunan
yn ei lygaid.

Gweld fy hunan
eto ac eto
yn rhes llyfn o ddoliau diwyneb
yn dal dwylo ...
... heb ddechrau
na diwedd ...

...

Wedyn daw golau dydd i syllu
ar gwlwm llyfn ein coflaid
fel cannwyll gorff ...

Anadl

Bu'r gwacter
yn dy ddisgwyl

Gweld
siâp dy wyneb
ym mhob siarad.

A daeth
dy sgrech gyntaf ...
mor gyfarwydd
â ddoe
a ninnau
yn dy 'nabod.

Ac fe gipiais di rywbeth ...
... rhywbeth
na wyddom ei fod gennym
o'r blaen.

Y filltir sgwâr

Rhwng y dre a'r aber
camaf
drwy wair sy'n grwm
gan law ffatrïoedd.

Anelu am haf gwell
lle nad yw'r wawr yn cuddio
yn rhegfeydd poteli gwag,
yn nyrnau plant
neu dan bontydd mud
lle mae cyplau'n caru.

Ond
os gall eog
hollti'r cerrynt
ac os daw'r adar
adre
yn erbyn y gwynt ...

... yna rhaid i finne ddod yn ôl
a gweld y gwres
yn y gweiriach hir.

'...gweld y nos
heb nabod y sêr'

Meddwi

Mae egni
rhwng llinellau syth
a geiriau.

Es yn igam ogam o gall o dy dŷ
heb edrych yn y drych
ond doedd dim ots.

Ac roedd egni
yn sgidie'r bore
a'r nos
yn sych
yn fy llwnc
a thi
yn dal i ganu
yn fy mhen.

A doedd dim ots
am ddim
gan fod y nos
a'i gitâr
yn gyfrol
i'n stori ni.

Harbwr

... wel,
dw i'n hoffi'r glaw ...

Hoffi storm
a'i arogleuon yn dod
â'r llwch yn fyw ...

... ti'n gwbod 'nny.

Ac fe roi di dy got i fi
bob tro
gan dy fod wedi
gwlychu digon
i boeni dim.

Pam nad awn ni eto
mas mewn cwch
a chael meddyliau
yn ein gwalltiau
a rhannu gwres ...

A thaflu rhwyd i weld beth ddaw
a thynnu atebion
atom ...

Hawdd eu taflu nhw 'nôl ...

Yn y glaw
fe allwn
deimlo'r gwir
ar ein croen.

Ond pan beidia'r cwbwl
fe ei di o fan hyn
i chwilio am rywle
i sychu dy got
a bydd rhaid i finne
aros
tan y gawod nesa.

Castell

Yn blentyn
roedd hwyl ar draeth.
Taflu cerrig i herio'r gorwel,
ymladd â'i gysgod,
joio'r stŵr ...
Troi tywod yn gastell
ac eistedd ynddo
tan i donnau oferedd sigo'i seiliau ...
Wastad egni
i ddechrau eto.

...

Yn llanc
roedd rhannu traeth yn bopeth
eu siarad siafins yn cydio'r gorwel,
cariad yn torri drwy'r don a magu adenydd ...
Addawodd iddi gastell ar y graig
a llond y lle o sêr.

...

Heddiw'n hŷn does dim i'w gael
yn rhialtwch eraill.
Stŵr y joio yn crafu'i gragen wag.
Chwilio olion ei gaer
er i'r môr hen fynd â hi,
twrio yn llygad yr haul
a gweld
dim ond tywod,
ei gysgod yn hir
a'r gorwel yn bêl.

Rhwng dau draeth

Mae ein menyg heno'n oer
a rhywun arall
wrth y môr
yn enwi'r sêr.

Sawl tro y buom
yn crwydro'n hir
rhwng traethau
a thrwy byllau'r gwyll
a chael y gwyddfid
ar anadl y nos.

Rhywsut aeth y wâc yn waith
y sgwrs yn dywod glwyb
a'r traeth yn ddim ond traeth.

Bellach
nid yw'r ogof
yn ddigon ...

ac roeddem wedi addo
addo
na ddigwyddai hyn,
na fyddem yn mynd
yn ddim ond dau
ar draeth
yn gweld y nos
heb nabod y sêr.

Arian

Yng ngolau'r sêr
a thithau'n cysgu,
mae'r byd yn sgleinio,
a chofiaf fel oedd
eira i ni'n dau
yn fantell arian
ar wely newydd;
y dafnau rhew yn ddeiamwntiau'r dychymyg
pan oedd gennym ddim ond newid mân mewn poced,
a gardd flêr o gariad.

Heno yn oerni fy meddyliau
mae fy Rhagfyr yn ddu a gwyn.

I hollti'r nos
daw ager dadlau o ffenestri tai
i gwrdd â'r oerni,
yn grisialau ots ...
a gwelaf rith o gwpwl
hyd garped y barrug
law yn llaw yn chwerthin,
mor dlawd â'r eira
a phopeth ganddynt.
bydd un ohonynt falle
fel fi rhyw ddydd
yn ddau lygad
ar wydr oer
yng nghanol nos,
yn crefu gwreichion ffrae ...
gyda'r blynyddoedd
o lenwi pocedi a thwtio'r ardd

daeth dadmer
a llonydd i feddwl
ac ni welwn ddeiamwntiau
yn naddion ein serch drud.

Heno
pan ddeffri di
bydd hi'n dawelach
a bydd fy nhraed yn oeri ar garped gwlân,
fy nos yn dduach
a mhocedi'n wag o sêr.

Egni

Ti'n cofio ni'n oeri gwin yn y nant
a chysgu mewn hamoc ... ?

Ti'n cofio ni'n ffraeo
a'r hewl i gyd yn clywed?

Mae cariad yn becyn cardiau
mas o drefn
sdim dal beth ddaw.

Cwmni cysur cyfarwydd
fel haul ar ddwylo oer.

Sŵn teiars dy gar ar y tarmac,
yr un hen grys 'di treulio
yr un lasen yn datod o hyd.

Ond fel pob haf hir
fe ddaw i ben
a dwi'n gwbod o weld dy wallt
yn flêr gan law Mehefin
y byddaf rhyw ddydd yn gorfod cofio hyn.

Eto mewn ennyd o wefr
mae egni oes.

Stori

Yn gaeth mewn tai blinedig
ryn ni'n dau'n byseddu llyfrau'r dyddiau melyn
nes plygu'r corneli.

Yr un stori
ers dechrau'r byd
pan nad oedd dim ond dau
a hwythau'n neb o bwys
fel ni.

Dau yn mynd a dod mewn stafell laith
fel morgrug.

Aros i eiriau ddilyn geiriau
hyd y diwedd
cyfleus.

Wrth aros,
trïwn eto
i ddod â stori well
yn ôl i gledr llaw.

Brithribin Du

Ar ôl darllen erthygl yn y Times *oedd yn nodi fod glöynnod byw yn brinach oherwydd hafau gwlyb*

Un hosan
ar ôl ar y lein
yn sychu
a gwlychu
eto.

Damaid bach yn deneuach.

Cofiaf yn sydyn am löyn byw
yn ddwl gan flodau
a'i liw
fel dyddiau da ...

Diwedd

Fe fu hafau.

Nid mewn siarad cwcwll
dros gownteri
neu ryw instagram o atgofion.
Gor-haul. Gor-wenu.

Na,
fe fu hafau iawn
pan oedd Awst yn cysgu'n goch
a gwair yn grin gan orwedd.

Y môr yn rhedeg atom
a thrilliw'r danadl a iâr fach felen
yn ein tynnu i ddawnsio
nes i ni ddyweddïo
a sŵn trydar adar
yn rhwydo'r bore.

Â glaw heddiw'n lladd nadroedd,
ein haul
sy'n gywilydd i gyd.

Gallu

Awn i gerdded
hyd yr un hen hewl bob nos
a gweld
yr un dadleuon
yn sleifio drwy ddrysau,
a difaterwch yn cyfarth mewn stafelloedd cefn.

Cerddwn law yn llaw
a'n sgwrs
yn gysurus
fel cardigan dros ysgwyddau.

Daw'r glaw
ac mi gofiaf
am yr un hen hewl
fu'n ifanc unwaith
a ni'n dau
yn y gwair newydd ei dorri
a'th eiriau yn wead o addewidion
fel gwibed y nos.

Bryd hynny
roedd yr hewl
yn gymaint llyfnach
yn arwain,
yn uno
dau gysgod.

Ond heno eto
fe gerddwn
sha thre
heibio'r gerddi
sy'n grop crin
o berffeithrwydd ...
at henaint
sy'n sownd mewn llenni poeth
fel stêm sosbenni ...

a'r cyfle a gollwyd
yn hogian
o'n blaenau
yn we pry copyn
yn y glaw.

Eli

Wrth i'r brain
fynd â diwrnod arall
i rywle,
mae'n dadleuon
yn dal i wybedu'n grac
drwy arogleuon nos.

Fory taenaf eto
brysurdeb plant
yn haen
dros deimladau
a'u hoeri
nes troi
yn un o'u rhes o ddoliau papur
di-wyneb.

Ond gwn y daw gair
cyn hir
i bigo
fel brain
uwchben brwydr.

Deall

Heddiw
mor wag yw'n caffi ni.
Dim ond dau löyn byw
yn caru mewn cylchoedd
yn y golau.

Syllwn ar lwyau glân ar liain plastig
a gweld ein ddoe yn syllu'n ôl
wyneb i waered.
Cofiaf fel y dawnsiai ein llygaid ni
yn nyddiau
gwybod y cyfan.
Dyddiau heb 'sgidiau,
heb oriawr
nac amser cau ...

Ond heddiw,
a'n llygaid yn gwisgo siwtiau,
rhyngom
nid oes ond sibrwd dall
am hwn a'r llall
sy'n clatsio heibio
a'r glöynnod yn taro'r gwydr.

Rwy'n chwilio amdanaf
yn dy lygaid
ac am eiliad dwi yno
ond dwi'n gweld fy hun

yn codi
a cherdded
drwy'r atgofion.

Cariad cyntaf

Roedd pobol yn edrych
arnom o bell
yn brysio drwy ewyn adnabod.

Ein gweld
yn ddi-wyneb
law yn llaw
a'r bwlch rhyngom
yn ddyddiadur
o eiriau newydd.

Hapusrwydd
heb fodd ei gribo,
yn hallt ddiniwed.

Roedden nhw'n adnabod
yr un haf hir o flerwch
fel sgribls pensil
ar gorneli tudalennau.

Ac yn gwybod wrth gwrs
y pylai'r geiriau
dan ddeigryn ifanc ...

...

Heddiw
mae gwên rhywun arall
yn cyffwrdd gwallt
a symud sgert.

Yn y glaw
y daethom ni yn agos.

Er cofio
am wres arall
ar war.

Eisteddwn weithiau
ar fainc yr haul
yn chwerthin ar gyplau'n dwyn yr haf,
yn rhedeg mewn a mas o'r môr
fel cartŵns pensil
ar gorneli tudalennau.

Ddoe

Cerddaf yn grac
hyd darmac du
ein dyfodol

Dy adael
er mwyn dy wynebu.

Sathraf ar y cof
am ddau
a wenodd hyd y lôn
a'u pnawniau Sul di-siap
o fagu'r deryn bach
o gariad.
A gweld
eu fory'n blu
rhwng y drain.

Ond heddiw
rhegaf heibio'r
capel gwag
a chofio
pelydrau'r haul
yn cosi ffenest liw
ein priodas.

Addewidion
yn adenydd
cloc dant y llew.

Cerddaf,
heibio nythod y to rhacs
a'r chwyn yn tagu'r llwybr
a chlywed
adar yn crafu
am fwydod dialedd.

Clywaf
dy 'sori' crug
yn drydar o decst
ar waelod poced
i ddod â'n ddoe yn ôl.

Oedaf am eiliad ...

Ac yna cerdded eto
dros ddarnau gwydr
ein breuddwydion lliw.

'...poer gwreichionen
yn y nos'

Trwsio

Bore Sul o chwilio
ar lan y môr
ac fe ddown nhw o hyd
i rwyd 'di rhwygo.

Dw i'n clymu stori,
yn y cortyn,
am Bysgotwr
yn bwrw'i rwyd i'r dŵr,
gan weld eu gobeithion
ym mhatrwm y tyllau.

Eu gwylio wedyn
yn chwilio
yn y pyllau.

Ac fe ddown nhw 'nôl
â dim ond coron o wymon a phren
yn sownd yn eu straeon
ond mae hyn yn ddigon ...

A dyma fi
wedi fy nal
mewn Sul arall
sy'n ddim ond cregyn
ac ogof wag.

Iesu

Ers i mi dy weld
yn fy siôl,
yn 'hisht' y weddi
a'th lais yn mynnu rholio
dan y seddau caled,
fe af i â thi i bob man.

Deall
dy liw yn glir
drwy faw'r ffenestri lliw.

Dy roi
yn ei phram bach hi
a hithau yn dy gario yn drwsgwl
o le i le.

Ac yn yr ardd
yn ei whliber e
yn gochuddio
dail ein hamheuon.

Dy wthio.
Dy dynnu.

Ond rwyt ti'n ddiogel
a dyna beth sy'n bwysig.

Ond dw i'n dal i weld
rhyw wyneb
arall
yng nghrychiadau
siôl wag
fy nyfodol.

Cyfoeth

(I Gapel y Tabernacl, Pen-y-bont ar Ogwr)

Ar fore Sul
hawdd gorwedd yng ngwres y gwely
a gwadu'r hyn a gredaf
neu godi'n hwyr weithiau
a gweld fy llun yn y drych
yn gysgod o fenyw'r noson gynt
a chwilio ynddi'r bwten fach
yn Forwyn Fair o falch.

Bryd hynny roedd y seren fetel yn aur,
y stori ar gefn fy llaw
a'r ddoli'n fyw.

Yn neuadd wag fy arddegau
roedd y geiriau yn garpiau hyd y lloriau pren,
a'n amheuon yn taro'r bocs casglu
a stori Mair yn creu muriau ...

Ond anodd gorwedd heddiw
yn ddi-seren ar fore Sul
yn sŵn dy ddeffro di
felly mi af i eto
hyd y lloriau pren
a thi yn fy mreichiau
i ganu emyn a chynnig gweddi.

A phan godwn ein pennau
mae'n bosib y gweli dithau
olau'r diwrnod newydd
yn sgleinio'n seren aur
a phryd hynny
mi sibryda i'r stori
yn dy glust ...

Llaw

Wrth ddianc rhag y bregeth
gwyliaf fy mysedd
llonydd
a stori o gledr
fu unwaith mor barod i gwrdd a chledr arall
i erfyn ar i'r Iesu edrych arna i ...

Daw'r awydd eto i ddilyn
llwybrau'r set fawr a gerfiwyd
gan geiniogau poeth.

Rhwng stêm ein cinio Sul
ac awyr oer bore Llun
byddai'r bregeth yn dal i guro
fel nodyn ar ôl nodyn ar ôl nodyn
ar biano blinedig.

Gwario'r casgliad
yn y ffair,
estyn llaw dan drwyn sipsi
a gweld y byd
yn y rhychau llyfn.

Ac mi es,
mi es yn bell o eco nodau cydwybod
nes gweld
cywilydd yn llwch ar ffenestri lliw
a gweld bod pob llwybr yn fy arwain yn ôl
i'r fan hyn.

Ond mae'r llyfr emynau
yn aml yn drwm
rhwng bys a bawd,
a phan ddaw'r tawelwch i beswch drwy'r lle
a phawb i blygu pen
daw un llaw i gyffwrdd â'r llall
a gwasgu'r
weddi'n ddim.

Dan yr wyneb

*Ar ôl gweld llun gronyn o dywod o dan feicrosgop a
synnu at ei harddwch.*

Mewn dwst mae trysor
sy'n rhy ddistaw
hyd yn oed i glustiau ci ...

Rhaid cofio chwilio
mewn bwced sych o wymon a phren
mewn cistiau ceir o atgofion
a chregyn,
neu yng nghraciau potiau jam ein plant
a gwallt babi
yn fflat gan gap ...

Cred rhai
mai yn y mannau hyn
ryn ni wir yn byw.

Goleuadau

Uwch y môr
a rhwng y sêr
yn hwyr un pnawn
gwelais
liwiau o gyfrinachau
a rhedais adre
yn llawn hud
tu hwnt
i lygaid camera.

Ac yn niwl tyfu'n hyn
cysgu'n dawel
o wybod
falle fod rhywun,
rhywle
yn fy ngwylio i
o ffenest bell.

Y dyddiau pwysig hyn
pesychwn ein ffordd
â'n traed di-gywilydd
hyd stryd gul
gwybodaeth,
sŵn amser yn ein clustiau
a gwaith yn ein dyrnau
heb weld dim ond
machlud blêr
ac nad ydym
ond poer gwreichionen
yn y nos.

Aderyn trwy ffenest liw

Gwelaf siap ei big
yn crafu coch y gwydr gwaed
trwy'r baw.

Tawelwch
a'r ceir yn sgathru heibio.

Mae'n syllu arna i.

Yn syllu
ar groes o ddŵr
ar dalcen ...

A rwyf mor hawdd fy nhwyllo
gan emyn.

Trwy lonyddwch llipa'r Iesu lliw, tryloyw
mae'r hen big yn dal i grafu'r baw
tra ngwylio i'n godde
arogleuon chwys a mints.
A rhwd punnoedd
a sgidiau gorau
yn gwasgu
i gael gweld y gwir.

Y deryn yn dal i syllu
ar y geiriau chwil yn fy mhen.

Gwaeddaf
y gytgan olaf
ond mae fy llais
yn disgyn yn blu trwm
i'r llawr.

Daw'r haul
i daflu prism o liwiau hyd y capel
a dyna pryd gwelaf
wyneb Duw
yn y babi bach
a chlywaf
eiriau
trwy'r miwsig.

Cartref

Af adre weithiau ar ddydd Sul,
drwy'r coed afalau
a sawr atgofion
yn chwythu'n fachlud hyd y caeau.

Gwylio fy rhieni yn gosod eu cariad
yn saff
mewn basgedi...
Af gyda nhw i'r capel
i rwgnach hyd y lloriau pren,
a chlywed fy adnod, eto,
yn rholio dan y sêt
a'r gwadu'n glynu'n brint
ar gledr boeth...

Sgwrs amser te yn cael ei thaenu
dros bastai 'falau a bara jam a thebot
a'm styfnigrwydd
yn friwsion dros liain glân.

Ysaf am y dydd
pan na fydd dim ond eco'r llwch
yn sibrwd o'r lloriau pren
ac y bydd y bwrdd di-liain
yn gylchoedd te
o onestrwydd.

Ysaf i weld y basgedi'n
wag o drefn
a phryd hynny y byddaf i
yn chwilio fy llwybr fy hun

yn wenynen o feddw
trwy'r gwair hir
rhwng yr afalau chwâl.

Ond gwn y trof yn ôl,

er gwaetha' popeth,

a chodi ambell afal
i'm côl.

'Heibio yr af i eto
fel pawb arall'